PEANUTS®

STORIE IN 5 MINUTI

EDICART

SIMON SPOTLIGHT
Da un'idea della Divisione Pubblicazioni per l'Infanzia Simon & Schuster
1230 Avenue of the Americas, New York, New York 10020
Edizione Simon Spotlight dicembre 2017
Snoopy si fa notare! Adattato da Tina Gallo; illustrato da Scott Jeralds; tradotto da Alex Romanella
© 2015 Peanuts Worldwide LLC
Fai volare l'aquilone, Charlie Brown! Adattato da Cordelia Evans; illustrato da Will Yak; tradotto da Alex Romanella © 2015 Peanuts Worldwide LLC
Lascia la coperta, Linus! Adattato da Tina Gallo; illustrato da Robert Pope; tradotto da Alex Romanella © 2015 Peanuts Worldwide LLC
È tempo di hockey, Franklin! Adattato da Jason Cooper; illustrato da Scott Jeralds; tradotto da Alex Romanella © 2017 Peanuts Worldwide LLC
Fantastico come Snoopy Adattato da Daphne Pendergrass; illustrato da Vicki Scott; tradotto da Alex Romanella © 2016 Peanuts Worldwide LLC
Dolce come Sally Adattato da R.J. Cregg; illustrato da Vicki Scott; tradotto da Alex Romanella © 2016 Peanuts Worldwide LLC
Snoopy vince le elezioni! Adattato da Maggie Testa; illustrato da Scott Jeralds; tradotto da Alex Romanella © 2016 Peanuts Worldwide LLC
Calcia la palla, Charlie Brown! Adattato da Cordelia Evans; illustrato da Scott Jeralds; tradotto da Alex Romanella © 2016 Peanuts Worldwide LLC
Il miglior amico di Snoopy Basato sui personaggi creati da Charles M. Schulz; adattato da Cala Spinner; illustrato da Scott Jeralds; tradotto da Alex Romanella
© 2016 Peanuts Worldwide LLC
Il miglior amico di Woodstock Basato sui personaggi creati da Charles M. Schulz; adattato da Tina Gallo; illustrato da Scott Jeralds; tradotto da Alex Romanella
© 2016 Peanuts Worldwide LLC

PEANUTS™

EDICART è un marchio EDICART Style
via Jucker, 28 - Legnano (MI) Italia
Titolo originale: *Peanuts 5 minuts Stories*
Traduzione dall'inglese di *Alex Romanella*
Illustrazioni di *Scott Jeralds, Will Yak, Robert Pope, Scott Jeralds, Vicki Scott*

Indice

Snoopy si fa notare!

Questo è Snoopy. Può sembrarti un cane comune, ma in realtà è tutto tranne che comune!

Snoopy non fa le cose come un cane normale. Infatti, dorme sopra la sua cuccia invece che dentro.

È la giornata ideale per saltare nel mio aeroplano, sfrecciare nel cielo e combattere contro il Barone Rosso!, pensa Snoopy.

Quando Snoopy dice che "salta nel suo aeroplano", in realtà intende dire che si siede sul tetto della sua cuccia. Poi si mette la sciarpa e il casco da aviatore con gli occhialoni. "Ecco l'Asso volante della prima guerra mondiale che sfreccia nei cieli con il suo caccia Sopwith Camel", dice Snoopy. "Dove sei, Barone Rosso?"

Improvvisamente Snoopy avvista l'aereo del Barone Rosso! Finalmente sta per abbattere il nemico!

"In picchiata!", grida Snoopy. Ma per quanto sia veloce, il Barone Rosso lo è ancora di più. E riesce a sfuggirgli di nuovo!

"Nooooooo!", grida Snoopy. "La prossima volta sei mio, Barone Rosso!"

Snoopy si toglie l'elmetto e si siede. Si volta e vede Charlie Brown che gli porta da mangiare.

"Mi chiedo come sarebbe avere un cane normale", gli dice Charlie Brown.

Snoopy lo ignora e si concentra sul cibo. Essere un Asso volante della prima guerra mondiale fa venire un grande appetito!

Più tardi, nel pomeriggio Snoopy, visto che si annoia molto, decide di scrivere il prossimo Grande Romanzo Americano. Tira fuori la sua vecchia e fedele macchina da scrivere e inizia...

Era una notte buia e tempestosa.

Linus si avvicina curioso.

Snoopy gli porge il foglio.

“È proprio un bell’inizio”, dice Linus.

Snoopy sorride orgoglioso.

Linus gli restituisce il foglio. “Beh, buona fortuna con la seconda frase”, dice.

Anche Lucy è curiosa del libro di Snoopy. E ha un consiglio da dargli. "Dovresti cominciare il tuo racconto con 'Tanto tempo fa...' È così che cominciano tutte le belle storie".

Snoopy pensa che Lucy abbia ragione, e decide di cambiare l'inizio della sua storia. E scrive:

Tanto tempo fa, era una notte buia e tempestosa.

Lucy lo legge e si lamenta.

"Non puoi scrivere qualcosa di più divertente?" chiede a Snoopy.

Snoopy pensa che sia una buona idea. Così comincia a scrivere.

**Tanto tempo fa,
era una notte buia e
tempestosa.
Improvvisamente, lo
schiocco di un bacio!**

Poi si interrompe e con grande sorpresa di Lucy, si sporge dalla cuccia...

...e dà a Lucy un grosso bacio!

"Bleah, sono stata baciata da un cane! Mi ha attaccato i suoi germi!", urla Lucy, e scappa via.

Non è stato per niente romantico come immaginavo, pensa Snoopy.

Poi Snoopy decide che è il momento di fare una pausa!
La cosa che Snoopy ama di più è ballare!

Così balla con Charlie Brown!

Poi balla con Lucy!

E balla con Linus!

Balla persino sul pianoforte di Schroeder!
(Anche se a Schroeder non piace un granché).

E finalmente arriva l'ora dello spuntino!

E Snoopy invita il suo migliore amico, Woodstock. Anche se gli piace il cibo per cani che gli porta Charlie Brown, Snoopy è un cuoco bravissimo e ama cucinare per i suoi amici.

A Woodstock piace trascorrere molto tempo con Snoopy, e gli racconta tutto della sua giornata. Per fortuna, Snoopy parla bene la lingua degli uccelli, e così capisce ogni parola che dice Woodstock.

Un giorno Woodstock vuole andare in campeggio con Snoopy e alcuni dei suoi amici.

"Seguitemi, truppa", dice Snoopy. "E non voglio vedere nessuno che mi gironzoli intorno!"

Gli uccellini sono molto emozionati per l'escursione. Vogliono stare il più possibile vicini a Snoopy, così si siedono tutti sul cappello del capo scout.

Beh, almeno sono stati attenti a quello che ho detto, pensa Snoopy.

Non passa molto tempo che gli uccellini hanno nostalgia di casa. Così Snoopy decide di interrompere la gita.

"È il momento giusto per tornare a casa", dice Snoopy. E bussano alla porta di Charlie Brown, appena in tempo per la cena.

“Bene, immagino che adesso tu voglia rilassarti un po’”, dice Charlie Brown.

Snoopy lo guarda sorpreso. *Rilassarmi? Sta scherzando? pensa.*

E tira fuori la chitarra: ora è tempo di musica!

"Immagino che non sarai mai un cane "normale", vero Snoopy?" chiede Charlie Brown. "Ma sai una cosa? Non credo che ne vorrei uno diverso".

Nemmeno io!! Pensa Snoopy felice. *Nemmeno io!!*

Fai volare l'aquilone CHARLIE BROWN!

Oggi il cielo è blu, il sole splende e c'è una forte brezza. È il giorno perfetto per il passatempo *preferito* di Charlie Brown – far volare l'aquilone!

Charlie Brown arriva in un grande prato. Non c'è nulla tranne un solo albero, che sembra innocuo.

Inizia a correre, e proprio quando l'aquilone comincia a volare grazie a un po' di vento, sente che il filo si blocca.

Charlie Brown si volta per vedere a cosa si è impigliato l'aquilone, e lo vede incastrato tra i rami dell'albero.
"Aaah!" si lamenta Charlie Brown.
"Lo sapevo che questo era un albero-mangia-aquiloni!" grida.

"Bene, albero. Guarda. Quello lassù è il mio aquilone, e io lo rivoglio indietro!", dice agitando il pugno.
L'albero non dice nulla. "Non si può discutere con un albero mangia-aquiloni", dice tra sé Charlie Brown, mentre torna a casa triste, senza il suo aquilone.

A casa inizia a costruire un altro aquilone – rosso questa volta.

"Già di ritorno?" gli chiede Sally.

"Spero che all'albero mangia-aquiloni non piaccia il gusto di fragola", risponde Charlie Brown, mentre sta uscendo con il suo nuovo aquilone.

"Tutti amano il gusto di fragola", dice Sally. "Non è vero?"

E, come previsto, appena Charlie Brown comincia a correre con il suo aquilone rosso...

sente di nuovo tirare alla fine del filo.

L'albero ha mangiato di nuovo l'aquilone!

Ora è molto arrabbiato.

"Se non lasci andare l'aquilone", strilla all'albero, "ti darò un calcio dritto nello stomaco!"

L'albero non dice nulla.

E allora Charlie Brown corre verso di lui e gli dà un calcio più forte che può.

L'albero però non restituisce l'aquilone neppure stavolta.

E adesso a Charlie Brown fa terribilmente male il piede.

"Questi alberi mangia-aquiloni hanno uno stomaco molto forte", dice.

Charlie Brown torna a casa e costruisce altri aquiloni: uno giallo, uno verde e uno arancione.

"Perché stai facendo tutti questi aquiloni?" chiede Sally.

"Gli sono piaciuti quelli con i colori blu mirtillo e rosso fragola, e scommetto che gli piacerà anche quello giallo limone", risponde Charlie Brown. "Ma mi piacerebbe tanto trovare un colore che non gli piace".

Sally ci pensa su un attimo, poi alza le spalle. "Prova con il verde acido!"

Così Charlie Brown, insieme a Snoopy, torna al prato con gli aquiloni giallo e verde. Snoopy fa volare l'aquilone giallo, mentre Charlie Brown quello verde... o comunque ci prova.

Infatti, l'albero mangia rapidamente il suo aquilone, come al solito. Charlie Brown si stupisce però quando vede che Snoopy fa volare quello giallo in alto nel cielo, sempre più su.

Che ti aspettavi?, pensa Snoopy. *Io sono il più Grande Pilota di Aquiloni del Mondo!*

"Immagino che all'albero non piaccia per niente il colore giallo limone", dice Charlie Brown. "Devo tenerne conto".

Ma quando Charlie Brown prova a far volare l'aquilone giallo, l'albero lo mangia. Sembra che l'albero mangia-aquiloni divori qualsiasi aquilone che Charlie Brown faccia volare.

"Non lo sopporto. Non lo sopporto proprio!" esclama Charlie Brown.

“Cosa faresti se decidessi di non far volare più altri aquiloni quest’anno?” chiede all’albero. Non ricevendo alcuna risposta, grida “Moriresti di fame, ecco quello che faresti!”

Charlie Brown è ancora furioso, ma si sente un po’ meglio, essendo consapevole che l’albero ha bisogno di lui.

È piacevole essere indispensabili, pensa tra sé.

Poi incontra Lucy e Linus.
"Tu odi quell'albero, non è vero Charlie Brown?" chiede Linus.
Charlie Brown annuisce. "Sai perché lo odio? Perché è ingordo, ecco perché! Anche se ha già un aquilone intrappolato tra i suoi rami, è sempre pronto a catturarne un altro! È come un ragazzino che mangia patatine fritte. Non ne ha mai abbastanza!"

Linus e Lucy decidono di controllare di persona l'albero mangia-aquiloni.

"Non avvicinatevi troppo", li mette in guardia Charlie Brown.

Quando Lucy vede l'albero, le viene un'idea. *Se l'albero mangia-aquiloni mangia gli aquiloni, probabilmente mangia anche la coperta blu sporca che mio fratello non deve più portare in giro ovunque,* pensa.

"Non voglio vivere in un mondo dove esistono gli alberi mangia-aquiloni", dice Linus triste, mentre alzando gli occhi vede alcune parti di aquilone che spuntano fuori dalla chioma.

In quel momento Lucy gli porta via la sua coperta...

...e la offre all'albero mangia-aquiloni, che la ingoia subito.

Per un attimo Linus è sconvolto. "Mia sorella ha lanciato la mia coperta all'albero mangia-aquiloni!" piagnucola, e corre da Charlie Brown e Snoopy in cerca di aiuto.

Snoopy indossa immediatamente il suo cappello da capo dei pompieri.

"Ecco che arriva il capo dei pompieri!" grida Charlie Brown. "Salverà la coperta di Linus!"

"Quel buffo bracchetto non riuscirà a salvare proprio niente", dice Lucy, mentre Snoopy comincia ad arrampicarsi sul tronco dell'albero. "I bracchetti non possono arrampicarsi sugli alberi!"

Perché non possono? pensa Snoopy.
Ad ogni modo insiste ad arrampicarsi.
Arriva quasi a metà del tronco
prima di rendersi conto che Lucy ha ragione.

Perché lo sto facendo? pensa, mentre cade per terra con un forte tonfo! "Allora non riavrò più la mia coperta!" grida Linus. "Proprio come Charlie Brown che non ha mai più riavuto nessuno dei suoi aquiloni!"

"State tutti indietro", dice Lucy, esasperata. "Riprenderò la tua stupida coperta". Poi urla all'albero mangia-aquiloni "Restituisci immediatamente la coperta, mi hai sentito? Può essere una cosa da bambini, ma è di mio fratello, e non avrei dovuto fartela mangiare!"

L'albero trema tutto, e la coperta di Linus cade giù, insieme a molti vecchi aquiloni mangiucchiati.

"Ho creduto di non rivedere mai più la mia coperta", dice Linus, stringendola a sé.

"Guarda qui, Charlie Brown, c'è un aquilone ancora in buono stato!" esclama Linus.

"Hai ragione!" dice Charlie Brown. "Ma non c'è il vento per farlo volare".

Snoopy ha un'idea… e si rivolge a Woodstock e ai suoi amici perché lo aiutino.

"Guarda, Snoopy!", dice Charlie Brown. "Per una volta ho avuto la meglio sull'albero mangia-aquiloni. E finalmente sto facendo volare un aquilone!"

E Snoopy alza le sopracciglia.

"Più o meno", aggiunge Charlie Brown, quando si accorge in che modo sta volando l'aquilone. "Santo cielo!"

Lascia la coperta, LINUS!

Questo è Linus. Linus ama la sua coperta più di ogni altra cosa al mondo.

Quando Linus ha la sua coperta con sé, si sente al sicuro.

Sua sorella Lucy però non la pensa così. La sua coperta la infastidisce. "Quando hai intenzione di sbarazzarti di quella stupida coperta?" chiede.

"Non è stupida", risponde Linus. "Mi fa sentire felice. Forse se avessi una coperta anche tu, non saresti così scontrosa".

"Scontrosa? Chi è scontroso?" grida Lucy.

Suppongo che d'ora in poi terrò le mie idee per me, pensa Linus.

"ECCO QUA!" grida Lucy. La sua voce spaventa Linus, tanto da farlo sobbalzare. Lucy afferra la sua coperta e corre via.

Mi chiedo cosa significhi tutto questo, pensa Linus. Fa spallucce, poi si volta a raccogliere la sua coperta. Ma non la trova più!

Mentre Linus sta ancora cercando affannosamente la sua coperta, Lucy ritorna con un grande sorriso stampato sul viso.

"Ho seppellito la tua coperta!" gli dice.

Linus non riesce a credere alle sue orecchie. *"Hai seppellito la mia coperta?"* strilla. "Non puoi farlo! Morirò senza la mia coperta! Sarò come un pesce fuor d'acqua! Dimmi dove l'hai seppellita!"

Linus racconta al suo amico Charlie Brown cosa è successo.

"Lucy ha detto che aveva intenzione di guarirmi una volta per tutte dal mio attaccamento alla coperta, così l'ha seppellita!" piagnucola Linus.

Poi si guarda intorno nel suo grande giardino. "Come riuscirò a trovarla?" aggiunge.

Charlie Brown decide di dormire a casa di Linus per aiutarlo a superare la prima notte senza la sua coperta. Si siede su una sedia e guarda Linus mentre dorme.

"Ohhhh...", Linus si lamenta. Si agita e continua a girarsi durante il sonno.

Sarà una lunga notte, pensa Charlie Brown.

Tutt'a un tratto Linus spalanca gli occhi. "È già mattina?" chiede.

"No, sono solo le dieci", risponde Charlie Brown.

"Le dieci?!" esclama Linus. "Questa notte sarà eterna! Comunque, Charlie Brown, è molto carino da parte tua stare sveglio vicino a me".

Charlie Brown sorride a Linus. "A questo servono gli amici" dice.

"Caro Charlie Brown!" esclama Linus.

Poco dopo, Linus chiude di nuovo gli occhi. Ah, che bello, pensa Charlie Brown. *Finalmente sta dormendo. Se supererà la notte senza la sua coperta, forse si riprenderà.*

"BEH, COME STA?" La voce di Lucy rimbomba per tutta la stanza, mentre entra pestando i piedi per controllare Linus.

"Alla faccia del bel sonno tranquillo! ", esclama Charlie Brown.

Il giorno seguente Lucy si avvicina a Charlie Brown per parlare con lui.

"Stai pensando che sono cattiva perché ho seppellito la coperta di Linus, non è vero?" chiede.

Charlie Brown non dice niente.

"Beh, non lo sono!" Continua Lucy. "In realtà gli sto facendo un favore! Lui è troppo debole per farlo da solo. È debole come... è debole come te, Charlie Brown!"

Non mi piace proprio questo paragone, pensa Charlie Brown.

Charlie Brown prova ad aiutare il suo amico.

"Ho un'idea, Linus", gli dice. "Perché non provi a sostituirla? Ti piacerebbe questo strofinaccio da cucina?"

A Linus non piace per niente quell'idea. "Daresti a un cane famelico un osso di gomma?" chiede. "No, grazie!"

Charlie Brown alza le spalle. "Sono a corto di idee", dice.

Quando si sveglia il giorno seguente, Linus si sente molto male. Entra in cucina e tira fuori una scatola di cereali per colazione: ne mette un po' in una scodella, ci versa sopra il latte ma ne ingoia solo una cucchiaiata.

Poi spinge via la scodella.

Non riesco neppure a mangiare. Tutto ha un sapore amaro, pensa.

Nel frattempo, Lucy si sente proprio bene. Si sta riposando e legge un libro. "Per favore, dimmi dove l'hai seppellita", implora Linus.

Lucy non risponde.

"Ho proprio bisogno di trovare quella coperta, Charlie Brown", dice Linus. "Lucy non mi vuole dire dove l'ha seppellita. Allora dovrò scavare finché non la troverò".

E comincia a spalare.

Charlie Brown ammira la sua determinazione. "Buona fortuna!" gli urla.

Snoopy non riesce a capire perché Linus è così sconvolto. Trovare cose sepolte è facile per Snoopy! Annusa un po' intorno... Ed eccola qua!

"LA MIA COPERTA!" strilla Linus e lo abbraccia.

"Oh, Snoopy! L'hai trovata!"

Quando Linus finalmente lo lascia andare, Snoopy torna subito alla sua cuccia.

Ho fatto la mia buona azione per oggi, pensa. *Ora è tempo di fare un pisolino!*

"Ho sentito che Linus ha di nuovo la sua coperta", Charlie Brown dice a Lucy più tardi.

Lucy disapprova. "Quel ficcanaso del tuo cane l'ha trovata. Beh, non me ne importa. Non cercherò più di aiutare gli altri. Non lo apprezzano, in ogni caso".

Linus non riesce a smettere di abbracciare la sua coperta. “L’ho riavuta! Non riesco a crederci!” dice Linus.

La tiene per i bordi davanti a sé e la esamina. “È rimasta sotto terra per giorni e giorni”, dice. “È sporca, è logora, è strappata, ed è persino un po’ ammuffita”.

Poi l’abbraccia di nuovo. “Ma è la mia coperta!” conclude, sospirando felice.

"Ti rendi conto che non puoi aggrapparti alla tua coperta per sempre?", dice Lucy. "Uno di questi giorni dovrai lasciarla, Linus, che tu lo voglia oppure no".

Linus prova a immaginare di essere grande. Immagina di andare al lavoro in giacca e cravatta. Sa che probabilmente non potrà portare con sé la sua coperta.

Linus annuisce. "Questo è vero, Lucy", dice. "*Mi rendo conto* che un giorno dovrò fare a meno della mia coperta".

Poi le sorride. “Ma non oggi!”

Lucy alza gli occhi al cielo. “Io ci rinuncio!” esclama.

È tempo di hockey, Franklin!

Quando fuori fa freddo e lo stagno è completamente ghiacciato, Franklin ama uscire a giocare a hockey con il suo amico Charlie Brown.

"L'hockey è il mio sport preferito!" dice Franklin. "Ma mi piacciono anche il baseball e il football".

"E cosa mi dici del ping pong?" chiede Charlie Brown.

Franklin scivola sul ghiaccio dello stagno. E Charlie Brown lo segue. Poi vedono la loro amica Piperita Patty.

"Possiamo venire anche noi sul ghiaccio?" chiede Franklin. "È tempo di giocare a hockey!"

"Mi dispiace, Franklin!" risponde Patty, "Ma mi sto esercitando per lo spettacolo di pattinaggio su ghiaccio".

"Ma non c'è abbastanza spazio per tutti quanti?" chiede Charlie Brown.

"Purtroppo no. Ho bisogno di molto spazio per eseguire i miei esercizi!" dice Piperita Patty.

Franklin e Charlie Brown se ne vanno sconsolati. "Non vedevo l'ora di giocare a hockey oggi", dice Franklin.

"So dove possiamo andare a guardare una partita di hockey", dice Charlie Brown. E accompagna Franklin alla fontanella per uccelli di Woodstock.

Snoopy e Woodstock stanno fermi sulla superficie ghiacciata dell'acqua, uno di fronte all'altro e con il dischetto al centro. La partita sta per cominciare.

Franklin li fissa per un momento. "Hai dei vicini di casa molto strani, Charlie Brown", dice.

I ragazzi si voltano per vedere la loro amica Lucy. Anche lei sta guardando la partita. Franklin e Charlie sono seduti davanti.

"Ehi!" strilla Lucy. "Come avete avuto i posti migliori?"

Intanto Snoopy e Woodstock entrano nel vivo della partita. Giocano così pesante che rompono la fontanella e precipitano al suolo!

Dopo la partita, Franklin e Charlie Brown ritornano allo stagno, nella speranza di poter finalmente giocare a hockey. Questa volta vengono anche Snoopy, Woodstock e Lucy.

Franklin confessa, “Sapete, avevo qualche dubbio quando ho visto la fontanella, ma è stata la partita di hockey più entusiasmante che io abbia mai visto!”

Marcie, l'amica di Piperita Patty, è andata a trovarla allo stagno. Marcie non pattina, così fa il tifo per Patty mentre se ne sta sulla neve.

"Corretta la figura otto, capo!" dice a Piperita Patty.

"Grazie, Marcie! Ma in realtà quella era la figura ventisette!" risponde Piperita Patty.

Prima che Piperita Patty cominci l'esercizio successivo, un gruppo di ragazzi più grandi arriva pattinando e si mette in mezzo.

"Spostatevi! Devo esercitarmi", dice Piperita Patty ai nuovi arrivati.

I ragazzi si mettono a ridere.

"Noi non ci muoviamo!" dice uno dei ragazzi più grandi a Piperita Patty. "Siamo venuti qui per giocare a hockey! Noi siamo in dieci e tu solo una, quindi vattene!"

Piperita Patty li guarda furiosa.

Marcie vede cosa sta succedendo e coraggiosamente decide di avvicinarsi per aiutarla. "Non farti mettere sotto da nessuno, capo!" Per Marcie è peggio correre sul ghiaccio piuttosto che pattinare. Così scivola e cade.

"Oh, grandioso!" dice uno dei ragazzi. "Come possiamo giocare con questa tonta tra i piedi?"

Piperita Patty ne ha abbastanza. "Va bene, buffoni! Smettetela di essere maleducati! Non è sportivo!"

Intanto Franklin indossa la sua attrezzatura e inizia a pattinare sul ghiaccio.

"Che cosa sta succedendo qui?" chiede Franklin.

"Stiamo sfidandoci per il controllo dello stagno ghiacciato! Dieci contro uno!" grida Piperita Patty.

"Non dimenticarti di me, capo!" interviene Marcie. *"Dieci contro due!"*

Franklin ha un'idea. "Che ne dite se giochiamo per il controllo dello stagno?" propone ai ragazzi più grandi. "Se vincete voi, l'avrete tutto per voi. Se invece vince Piperita Patty, voi lo condividerete con loro ".

"Una partita a hockey?" chiede uno dei ragazzi.

"Per noi va bene!"

"Che idea, Franklin", si lamenta Piperita Patty. "Non ho una squadra di hockey!"

Franklin sorride. "Ora ce l'hai!" dice.

Franklin guarda verso i suoi amici. "Che ne dite? Siete pronti a giocare una partita? È per questo che siamo venuti qui, giusto?"

"Sono venuta qui per esercitarmi a pattinare", risponde Piperita Patty, "ma ora voglio sconfiggere quei ragazzi!"
"Ben detto, capo!" conferma Marcie.

Franklin e Piperita Patty si mettono in posizione con la loro squadra.

Franklin sceglie Snoopy come portiere. Snoopy usa delle imbottiture extra da hockey.

“Non è come me l’ero immaginato, ma almeno stiamo finalmente giocando a hockey!” annuncia Franklin.

“Non ancora”, dice Piperita Patty, indicando Woodstock che sta lisciando la superficie ghiacciata con lo Zamboni.

Quando Woodstock ha finito, deve mettere il dischetto al centro dello stagno dove Piperita Patty e il capo della squadra avversaria sono pronti ad affrontarsi.

"Perderete!" provoca il rivale.

Piperita Patty non risponde e si concentra sul gioco.

Quando il dischetto tocca il ghiaccio, Piperita Patty lo intercetta con la mazza da hockey. Franklin le si avvicina, e insieme partono all'attacco della porta. Gioco valido!

Patty esegue dei cerchi intorno agli altri giocatori. Poi passa il dischetto a Franklin, e lui lo tira nella porta avversaria!

"Bel lancio, Franklin!" strilla Piperita Patty.

“Okay, sta diventando imbarazzante!” grida l’avversario al centro. “Andiamo a giocare a football a casa mia, ragazzi!”

“Allora, vi state già arrendendo?” chiede Franklin.

“Non ci arrendiamo”, ringhia furioso l’avversario al centro. “Diamo forfait!”

Poi la squadra rivale si allontana.

"Grazie per il tuo aiuto, Franklin", dice Piperita Patty. "Ti devo un favore".

"Non dirlo neanche", risponde Franklin. "Ma ho una richiesta da farti. Adesso possiamo giocare a hockey, per favore?"

"Certamente!" dice Piperita Patty.

"Fermi tutti!" li interrompe Charlie Brown. "Ecco che arriva di nuovo lo Zamboni".

Franklin alza gli occhi al cielo. "Oh, accidenti!"

Fantastico come SNOOPY

ECCO SNOOPY, IL CANE PIÙ FANTASTICO DELLA CITTÀ.

Snoopy non è quel tipo di "cane fantastico" che fa mosse astute o indossa capi divertenti oppure sa giocare particolarmente bene a 'ce l'hai'. Snoopy è fantastico a un livello completamente differente.

La maggior parte dei cani fa la passeggiata normalmente, ma una passeggiata normale non è abbastanza fantastica per Snoopy.

"Vuoi fare una passeggiata?" gli chiede Charlie Brown, mentre prende il suo guinzaglio. Snoopy lo travolge con il suo balletto della felicità...

...subito prima di saltare nel suo passeggino!

CANI FANTASTICI COME SNOOPY NON VANNO A PIEDI!

Qualche volta gli amici di Snoopy non riescono proprio capirlo. Questo perché chi è fantastico è anche colui che crea una nuova tendenza.

"Tutto quello che fai è stare sdraiato tutto il giorno sul tetto di quella cuccia, quando invece dovresti dare la caccia ai conigli!" dice Frieda a Snoopy.

Snoopy sa che Frieda ha torto: dare la caccia ai conigli è fuori moda... stare sdraiati sul tetto della cuccia è molto trendy!

Alcune cose che sono comuni per i cani, come dare la caccia ai conigli o riportare bastoncini, non sono abbastanza fantastiche per Snoopy.

E quando Snoopy trova una nuova cosa fantastica da fare, la presenta in modo tale che sembra semplice.

Ma non è importante quanto Snoopy sia fantastico. È sempre superfantastico se deve aiutare un amico in difficoltà. Quando Linus perde la sua coperta, Snoopy è lì per compiere la sua buona azione!

"Oh, Snoopy! L'hai trovata! L'hai trovata!" piagnucola Linus, stringendolo in un grande abbraccio.

SNOOPY È COSÌ FANTASTICO

che non si preoccupa di quello che gli altri pensano di lui: lui balla come se nessuno lo stesse a guardare!

COMUNQUE ANCHE I CANI FANTASTICI POSSONO AVERE QUALCHE MOMENTO DI SCONFORTO.

Durante un caldo pomeriggio, Snoopy uscì per andare alla festa in piscina di Lucy.

Ma quando fu pronto per saltare in acqua, ebbe una brutta sorpresa.

"Oh, no. Tu non puoi!" urlò Lucy. Snoopy non era stato invitato alla festa!

Così se ne andò sconcertato. Ma come! Lui è il cane fantastico per eccellenza ed è sempre invitato alle feste!

Il giorno seguente andò al campo da baseball, pensando che una partita lo avrebbe tirato su di morale. Dopo tutto, lui è il migliore (e il più fantastico) giocatore della squadra di baseball di Charlie Brown!

“Snoopy, per me questa è una cosa molto difficile da dirti. Ti ho ceduto alla squadra di Piperita Patty”, disse Charlie Brown con un’espressione triste.

Dopo avergli fatto una piccola pernacchia, Snoopy lasciò il campo sentendosi più umiliato che mai!

Quella notte, Snoopy rimase sveglio sul tetto della cuccia: le cose non sarebbero potute davvero andare peggio. Non era stato invitato alla festa in piscina di Lucy, era stato ceduto a un'altra squadra di baseball, e come se non bastasse, Charlie Brown aveva dimenticato di portargli la cena!

Snoopy non era abituato a essere escluso. Si sentiva molto male. Poi spalancò gli occhi.

È PER QUESTO MOTIVO? SI CHIESE. *STO PERDENDO FORSE IL MIO FASCINO?*

Ma proprio quando Snoopy cominciò a disperarsi, Linus si avvicinò di nascosto alla sua cuccia!

"Psst! Sveglia!" sussurrò Linus. "Che ne diresti di andare in missione segreta?"

Questo mi lusinga molto, pensò Snoopy. I Bracchetti sono invitati molto raramente ad andare in missioni segrete.

Intanto giunsero alla casa di Linus ed entrarono.

Era completamente buio e c'era silenzio, poi qualcuno gridò...

“Sorpresa!”

Tutti i suoi amici avevano i cappellini della festa, e la casa di Linus era addobbata con palloncini e stelle filanti.

“Ci dispiace molto per ieri e oggi, Snoopy”, disse Charlie Brown. “Ti abbiamo tenuto lontano perché stavamo preparando una sorpresa per te. Abbiamo organizzato questa festa in tuo onore per dimostrarti la nostra amicizia”.

Quando Charlie Brown servì la torta, Snoopy fece un gran sorriso, e tutti i suoi dubbi scomparvero. Solamente il cane più fantastico della città avrebbe potuto avere una festa così bella con i suoi migliori amici.

Dolce come SALLY

LA SORELLA DI CHARLIE BROWN, SALLY, HA UN CARATTERE MOLTO DOLCE

È molto tenera verso Linus, il suo Dolce Tesoro, ma è anche disponibile, gentile e indulgente, soprattutto verso se stessa!

Cos'altro c'è da dire di Sally?

Sally tende una mano amica anche se nessuno gliela chiede. Quando Snoopy immagina di trovarsi nella legione straniera, finge di attraversare carponi il deserto in cerca dell'acqua. Il sole picchia forte e gli avvoltoi volteggiano sopra di lui. Tutto sembra perduto, fino a quando...

...appare Sally con la scodella dell'acqua in mano.

"Sembravi assetato", gli dice, interrompendo il suo sogno a occhi aperti.

Che divertimento c'è? Snoopy mette il broncio, ma beve comunque un po' d'acqua.

Sally voleva soltanto aiutarlo!

Sally è gentile con suo fratello maggiore, Charlie Brown, anche se non sempre per una giusta causa.

"Caro fratello, vuoi leggermi questo libro, per favore?" chiede con voce dolce. "È per la mia relazione".

"Mi dispiace, Sally. Lo devi leggere tu", dice Charlie Brown.

Sally brontola: che senso ha chiedere gentilmente una cosa, se poi tuo fratello non vuole fare i compiti al posto tuo?

A Sally piace molto fare i complimenti, anche se questo significa parlare con un muro di mattoni.

"Sei una buona scuola, lo sai?" dice all'edificio scolastico un giorno. "E hai proprio dei gradini carini!"

Nessuno aveva mai detto prima una cosa simile alla scuola, che ha cominciato ad arrossire!

Sally è anche brava nel vedere il lato positivo delle cose.

"Quanto fa 2 x 2?" chiede Charlie Brown, mentre la sta interrogando per una verifica di matematica.

"10.000.000" tira a indovinare Sally. Quando suo fratello le dice che la risposta è sbagliata, si congratula comunque con se stessa. "Mi sono avvicinata", dice con orgoglio.

Essere indulgente con se stessa è una delle filosofie di vita di Sally.

"Sto approfondendo una nuova filosofia, fratellone" racconta a Charlie Brown. "Si può riassumere nella frase 'Cosa me ne importa?'"

"Beh, sono veramente contento per te", dice Charlie Brown.

"COSA ME NE IMPORTA?" SALLY FA SPALLUCCE.

Quando a scuola è il momento di presentare qualcuno, Sally non è timida.

E parla della persona a lei più cara, della più dolce ragazza che conosce, oltre a Linus: se stessa!

Quando Sally vuole qualcosa, ce la mette tutta!

"Sono troppo occupata per parlare", dice, quando chiama uno degli amici di Charlie Brown. "Mio fratello non è qui, e io mi sto trasferendo nella sua stanza".

Potrebbe sembrare non molto bello il fatto che Sally occupi la stanza di suo fratello ogni volta che lui lascia la città... Ma in situazioni come questa, Sally segue semplicemente la sua filosofia del "Che me ne importa?"

SALLY È UNA RAGAZZA TOSTA,

ma ha anche un lato molto tenero. Il suo cuore è un libro aperto e appartiene a Linus... che a lui piaccia oppure no!

Tutto è cominciato quando Sally era piccolina.

Si avvicinò a Linus, e fu amore a prima vista! Era una bambina dolce, e fece l'unica cosa che sapeva fare...

Diede un bacio a Linus! Ma lui non ne fu molto felice.

Sally però non si arrese. Lei cresceva, e anche il suo amore per Linus cresceva. Quando giocavano insieme a nascondino, seguiva il suo cuore invece che le regole del gioco: non andava a nascondersi.

Linus finiva di contare fino a dieci e quando apriva gli occhi...

… Sally era ancora lì, di fronte a lui!

"Devi andare a nasconderti!" diceva Linus.

"Mi piace sentirti contare, Dolce Tesoro", diceva Sally.

"Non sono il tuo Dolce Tesoro", rispondeva Linus, e alzava gli occhi al cielo.

Sally avrebbe dato qualsiasi cosa pur di essere chiamata da Linus Dolce Tesorino.

Quando un giorno Sally vide una partita di football in televisione, decise che avrebbe giocato a football con Linus! Sembrava un gioco così tenero!

"Ti lancerò la palla", disse a Linus.

"E mentre tu corri giù per il campo, io proverò ad abbracciarti".

"Placcare", disse Linus. "I giocatori di football si placcano l'un l'altro".

Ma Sally non voleva placcare Linus. "Abbracciare", ripeté.

“PLACCARE”, LA CORRESSE LUI.

ABBRACCIARE”, INSISTETTE LEI.

“Dimentica tutto!” disse Linus, andandosene.

“Che gioco stupido!” urlò Sally, e calciò la palla molto lontano.

Con suo grande stupore, scoprì che il football era uno sport per niente tenero.

SALLY PERÒ ERA SEMPRE INNAMORATA DEL SUO DOLCE TESORO, FINO A UNA MATTINA DI FEBBRAIO.

"Sally, sveglia! È ora di andare a scuola!" disse Charlie Brown, ma lei non voleva alzarsi!

"Linus non mi ha nemmeno mandato una Valentina", piagnucolò. "Mi ha spezzato il cuore, e non tornerò mai più a scuola! Se vedi il mio Tesoro agrodolce, fagli sapere che sono furiosa!"

"Tesoro agrodolce? Accidenti!", disse Charlie Brown.

Qualche giorno dopo, Linus rimase bloccato nella neve e non riuscì a raggiungere la fermata dell'autobus. In quel momento, Sally si dimenticò che non le aveva mandato la Valentina, che non l'aveva chiamata Dolce Tesorino e che non l'aveva abbracciata.

Linus era e sarebbe stato per sempre il suo unico Dolce Tesoro. E lei sarebbe stata per sempre il suo Dolce Tesorino.

E così entrò in azione. "Non m'importa quanto costa!" disse a Snoopy e Woodstock. "RIPORTATELO INDIETRO!"

Il piano di Sally funzionò! Snoopy e Woodstock riportarono Linus a casa sano e salvo.

E finalmente Sally ottenne ciò che voleva...

Una Valentina da parte di Linus! "Ecco", disse Linus il giorno dopo, mentre gliela porgeva.

Sally lo fissò stupita. Non era mai stato così dolce con lei prima d'ora. "Sigh!" improvvisamente cominciò a singhiozzare, facendolo sobbalzare. "Scusami", aggiunse con la voce più gentile possibile. "Mi è scesa una lacrima!"

Essere dolce – e coraggiosa e determinata e leale e intelligente – alla fine ne è valsa la pena. Perché? Perché questa volta la dolcezza di Sally veniva davvero dal cuore!

Snoopy vince le elezioni!

È un bellissimo pomeriggio di sole, quando Snoopy sente dei rumori e vede Woodstock e gli altri uccellini marciare tutti in fila: ciascuno tiene un cartello con il nome dei candidati alle elezioni per il rappresentante di classe.

Avevo dimenticato che questo è l'anno delle elezioni, pensa Snoopy.

Una persona che non l'ha dimenticato è Lucy. E vuole che suo fratellino Linus diventi il prossimo rappresentante di classe.

"Ma io non potrei mai essere il rappresentante di classe", dice Linus. "Pensa al lavoro. Pensa alla responsabilità".

"Pensa al potere", aggiunge Lucy.

Linus sorride. In effetti, l'idea gli piace.

E grida "Lo farò!"

Il giorno dopo a scuola, Linus non perde tempo.

"Se sarò eletto rappresentante di classe, chiederò miglioramenti immediati", annuncia. "Qualsiasi cagnolino che si troverà a passeggiare nel cortile non verrà cacciato via, ma sarà accolto a braccia aperte!"

A Snoopy piacciono quelle parole!

Ma Linus ha degli avversari. Anche Pigpen è candidato alle elezioni, e alcuni studenti hanno intenzione di votare per lui. Così Lucy si assume il compito di convincere tutti quelli della scuola a votare per Linus.

“Ehi, tu!” grida nel cortile. “Per chi hai intenzione di votare?”
“Oh, per Linus, naturalmente”, risponde il ragazzo.
“Beh, meglio per te!” dice Lucy. Poi si volta verso Linus. “Secondo il mio sondaggio personale, ora hai l’ottantacinque per cento dei voti”.

Il giorno seguente Violet si avvicina a Linus. È giornalista per il magazine della scuola.

"Ti dispiacerebbe dirci qual è il tuo programma se sarai eletto rappresentante di classe?" chiede.

"Ho intenzione di sistemare un po' di cose!" dice Linus serio. "Siamo circondati dal declino morale! Siamo..."

Violet lo interrompe. "Ho già scritto che tu sei molto onorato e che farai del tuo meglio se sarai eletto".

"La stampa è contro di me", piagnucola Linus, quando Violet si allontana.

Linus però non ha ancora finito con la stampa. Schroeder vuole fotografare lui e Pigpen per il giornale della scuola.

"Mettetevi in posa tutti e due con un cane", spiega Schroeder.

A questo punto spunta Snoopy e si posiziona in primo piano.

"Stai proprio bene, Snoopy!" dice Schroeder. "Forse dovresti candidarti tu come rappresentante di classe".

A Snoopy piace l'idea!

Quel pomeriggio Snoopy trasforma la sua cuccia nel quartier generale della campagna elettorale. Woodstock sarà il direttore della campagna. Ha molte idee su cosa dovrebbe fare Snoopy, ma si emoziona così tanto che cade a testa in giù dalla cuccia!

Il direttore della mia campagna elettorale non è molto attento, pensa Snoopy.

Snoopy però dovrà farsi propaganda da solo. Il giorno seguente va a scuola con un grande cartello su cui è stampata una zampa.

Lucy non è contenta. "Non voterei per te neppure se tu fossi l'ultimo bracchetto sulla Terra!" gli dice.

Snoopy comincia a piangere.

"Okay", Lucy gliela dà vinta. "Se tu fossi l'ultimo bracchetto sulla Terra, allora ti voterei".

Quando lei si allontana, Snoopy sorride.

Poi Sally si avvicina a Snoopy. “Non sono certa se voterò per te oppure no”, dice.

Ancora una volta Snoopy comincia a piangere.

“Okay! Okay!” dice Sally. “Voterò per te. Ma smettila di piangere!”

Snoopy ha trovato la strategia vincente per la campagna elettorale!

Infine, passa Violet e gli chiede perché dovrebbe votare per lui.

Snoopy non sa rispondere, e lei semplicemente se ne va.

Snoopy però conosce la risposta. *Tanto per cominciare, sono un tipo affascinante!* pensa.

Non molto tempo dopo torna Lucy.

"Penso che tu stia sbagliando tutto", dice a Snoopy. "Devi fare di più invece che portare solo un cartello. Se vincerai le elezioni, dovrai stringere molte mani e baciare i bambini".

A Snoopy non piacciono quelle parole!

Quella sera Snoopy sale sul tetto della sua cuccia. L'indomani è il giorno delle votazioni. Ciascun candidato a rappresentante di classe terrà un discorso finale prima che gli studenti esprimano la loro preferenza. Cosa dirà Snoopy nel suo discorso?

Racconterò del mio ultimo scherzo a danno dei gatti, pensa. I cani tra il pubblico lo ameranno. Ma... un attimo... Ci sono altri cani nella scuola, oltre a me?

Al mattino seguente durante l'assemblea, Pigpen tiene il discorso per primo.

"Se sarò eletto rappresentante di classe", comincia Pigpen, "prometto di –"

"Tu non puoi diventare rappresentante di classe, Pigpen", strilla Violet dal pubblico. "Sei un disastro, e non sei degno della nostra stima".

Ma Pigpen non si lascia scoraggiare. Si abbassa, raccoglie un cappello a cilindro e se lo mette. Somiglia ad un Abramo Lincoln impolverato!

Sembri proprio un presidente, Pigpen!

Poi tocca a Linus salire sul palco. Lucy sorride. Vincerà sicuramente lui, se leggerà quello che lei ha scritto.

Linus si schiarisce la voce. “Questa mattina voglio parlarvi del Grande Cocomero”, comincia.

Tutto il pubblico comincia a ridere.

“Aaargh!” grida Lucy.

Il Grande Cocomero era l’unica cosa di cui Linus non avrebbe dovuto parlare. Le sue probabilità di vincere erano azzerate!

Snoopy è l'ultimo candidato a salire sul palco. Prima però Schroeder gli chiede cosa pensa di dire.

"Bau!" risponde Snoopy.

"È spacciato", dice Schroeder a Linus.

Calcia la Palla, CHARLIE BROWN!

Ogni anno, quando comincia la stagione del football, Charlie Brown tenta di raggiungere uno dei suoi obiettivi nella vita: calciare una palla da football e guardarla sfrecciare in alto nel cielo. E tutti gli anni, quando Charlie Brown prova a farlo, accade sempre la stessa cosa. Ma cominciamo dall'inizio.

"Vieni qua, Charlie Brown!" dice Lucy. "Ho una palla nuova di zecca. Io la tengo ferma, tu prendi la rincorsa e poi la calci lontano".

Charlie Brown prende la rincorsa e si avvicina a Lucy. Ma proprio mentre si prepara a calciare la palla, Lucy la spinge lontano. E Charlie Brown fa un volo in aria e cade per terra.

"Perché hai allontanato la palla?" chiede furioso a Lucy.

"Improvvisamente mi è venuto in mente che se ti lascio colpire la palla, non sarà più nuova", spiega Lucy.

La volta successiva è sempre la stessa storia.

"Charlie Brownnnnnn!" Lucy lo chiama con voce cantilenante.

"Vieni. Tengo ferma la palla, tu prendi la rincorsa e la calci", dice Lucy. "Ho una sorpresa per te quest'anno".

Una sorpresa? pensa Charlie Brown. *Questo vuol dire che stavolta non ha intenzione di spostare il pallone. Rimarrà stupita quando vedrà quanto lontano riuscirò a calciarlo!*

Proprio come l'anno prima, Charlie Brown corre velocemente verso il pallone che Lucy sta tenendo fermo. Ma proprio come l'anno scorso, nell'attimo in cui sta per calciarlo, Lucy lo sposta. E proprio come l'anno scorso, lui vola per aria e atterra con un "Aaargh!"

"E ora la sorpresa", dice Lucy a Charlie Brown, che non riesce ancora ad alzarsi. "Vorresti vedere come appare la scena alla moviola?"

La volta successiva che Charlie Brown vede Lucy tenere in mano il pallone, non le permette neppure di iniziare a parlare e grida “No!”

“Pensi che sia tanto? Dici che terrai fermo il pallone, ma non lo farai! Lo spingerai lontano, e io cadrò di nuovo”.

“Perché dici così, Charlie Brown? Non farei mai una cosa del genere”, insiste Lucy, sorridendo tranquillamente. “Sono cambiata. Ho la faccia di una persona di cui ti puoi fidare, o no?”

"Okay", Charlie Brown accetta riluttante. "Tu tieni fermo il pallone, io prendo la rincorsa e lo calcio".

Questa volta, quasi non si stupisce più quando Lucy allontana la palla e lui atterra sulla schiena.

"Ti ammiro", gli dice Lucy. "Hai grande fiducia nella natura umana".

Allora Charlie Brown decide di evitare Lucy. Lei sa però dove trovarlo.

"Che cosa succede?" chiede Sally quando va ad aprire la porta e vede Lucy lì davanti con la palla in mano.

"Di' a tuo fratello di uscire", dice Lucy. "Terrò fermo il pallone, lui potrà prendere la rincorsa e calciarlo".

“È di nuovo qui”, dice Sally a Charlie Brown. “Come può pensare di poterti ingannare così tante volte?”

“Non crederai davvero che mio fratello ci cascherà ancora, vero?” Sally chiede a Lucy. “Voglio dire... Dopo tutto, quante volte pensi di poter ingannare qualcuno con lo stesso trucchetto?”

Ma Charlie Brown sta già uscendo e segue Lucy.

Sally è ferma sulla soglia e guarda Charlie Brown che sta prendendo la rincorsa. Ma come al solito Lucy sposta la palla e Charlie Brown vola per aria e atterra sulla schiena.

"Molte volte, immagino", conclude Sally, mentre Charlie Brown rientra in casa, tutto dolorante.

Ma Charlie Brown non è un perdente, e non ha nessuna intenzione di arrendersi!

"Ho deciso di calciare quel pallone ad ogni costo!" dichiara.

Anche i suoi amici lo sostengono e credono in lui. Per di più, tutti quanti sanno quanto Lucy ami scherzare... Anche loro vogliono vedere che Charlie Brown avrà la meglio!

Linus vuole prestargli la sua coperta come portafortuna.

Sally gli dà un grande abbraccio per incoraggiarlo.

"Comunque, anche questo fa parte del football, vero?" chiede stringendolo molto forte a sé. "Adesso ci stiamo esercitando, fratellone!"

"Si tratta di placcare, non di abbracciare", dice Charlie Brown, che non riesce quasi a respirare.

Per allenarsi, Charlie Brown chiede aiuto a Snoopy, il suo amico e consigliere più fedele.

Snoopy lo mette al lavoro, facendogli fare molti esercizi e tanti giri di corsa per rinforzare le gambe.

Dopotutto, è un bravo allenatore e ha una grande esperienza con la propria squadra.

Quella notte Charlie Brown fa di nuovo lo stesso sogno: riesce a calciare il pallone. Ma non solo: la palla vola in aria più in alto di qualsiasi altro pallone al mondo! Charlie Brown è contento: sa che può farlo.

Il giorno seguente Charlie Brown è pronto per affrontare Lucy, e anche lei è pronta. Così s'inginocchia sull'erba.

"Allora, terrò fermo il pallone, Charlie Brown, e tu prendi la rincorsa", comincia.

"Lucy!" Replica la interrompe. "La mamma ti chiama per il pranzo".

Lucy ignora suo fratello e si volta di nuovo verso Charlie Brown.

"Dice di rientrare subito!" urla Replica.

"Okay. Lo faremo in un altro momento", dice Charlie Brown.

"No, Replica può prendere il mio posto", dice Lucy, porgendogli il pallone. Poi entra in casa.

"Io?" chiede Replica. Poi s'inginocchia sull'erba e tiene fermo il pallone.

Questa volta ci riuscirò! pensa Charlie Brown. Replica *non sposterebbe mai la palla!*

"Ci siamo!" grida, mentre si prepara per la rincorsa.

Pochi minuti dopo, Replica rientra in casa con la palla in mano, mentre Lucy sta pranzando.

"Che cosa è successo?" chiede. "Hai spostato il pallone? O lui è riuscito a calciarlo?"

Replica sorride con fare misterioso. "Non lo saprai mai!"

Il Miglior Amico di SNOOPY

Snoopy ha un grandissimo amico.
Si chiama Woodstock.

Snoopy e Woodstock amano fare tutto insieme - soprattutto condividere la pizza!

Ma nooo! Che cosa sta succedendo?

Snoopy e Woodstock stanno litigando per l'ultima fetta di pizza – la stessa ultima fetta di pizza. Ognuno vuole la fetta tutta per sé!

E così cominciano a contendersela, finché non cade a terra!

Poche cose possono compromettere un'amicizia come una fetta di pizza, anche se ormai immangiabile. Snoopy pensa che sia tutta colpa di Woodstock, che se ne deve andare. Snoopy è arrabbiato con lui e non vuole più sentire il suo cinguettio.

Ma poi Snoopy si accorge che...
...c'è silenzio.
C'è troppo silenzio intorno a lui.
Vuole chiedere scusa a Woodstock. Ma come?

Così si rivolge ai suoi amici fidati per qualche consiglio. "Dovresti comprargli una coperta", dice Linus.

Ma Snoopy non crede che Woodstock desideri una coperta.

"A modo tuo devi dirgli che ti dispiace", dice Charlie Brown.

Snoopy pensa che sia una buona idea. Potrebbe preparare una pizza...

...ma gli manca il formaggio. Ha però altre cose. Un sacco di tempere!

Per esempio, tanti colori per dipingere. Snoopy è un pittore molto bravo!

Prende un po' di tubetti, la tavolozza e un pennello.

Poi si mette all'opera!

Appena finito, Snoopy va da Woodstock e con un gran sorriso gli mostra il dipinto!

Intanto Woodstock comincia a cinguettare un'allegra canzoncina!

Condividere è quello che fanno i migliori amici – e Woodstock è il migliore amico di Snoopy!

Il Miglior Amico di WOODSTOCK

Woodstock ha un grandissimo amico. Si chiama Snoopy.

Woodstock e Snoopy amano fare tutto insieme —soprattutto condividere la pizza!

Ma ognuno vuole l'ultima fetta tutta per sé! Snoopy dice a Woodstock che lui ha più fame. Woodstock gli risponde cinguettando di essere lui l'ospite!

Entrambi si contendono il pezzo di pizza, finché non sfugge loro di mano... e cade per terra!

Woodstock cinguetta arrabbiato contro Snoopy che gli dice di andarsene.

Adesso Woodstock si sente solo. Pensa a quando si divertiva con Snoopy e ora gli manca! Vorrebbe dirgli che è molto dispiaciuto.

Così Woodstock chiede ai suoi amici, di aiutarlo a organizzare una sorpresa per Snoopy.

Ma loro stanno per partire per un'escursione.

Allora Woodstock ha un'idea!

Scriverà una canzone speciale per Snoopy e gliela canterà! Woodstock è molto bravo a cantare.

È un uccellino, dopotutto!

Woodstock arriva alla cuccia di Snoopy che sta dormendo. Però non riesce ad aspettare e in piedi sulla pancia, gli canta la sua canzoncina.

A Snoopy piace molto questa sorpresa.

Anche Snoopy fa regalo a Woodstock mostrandogli il suo dipinto..

Poi Snoopy ha ancora una sorpresa. Ha comprato un'altra pizza!

Ora sanno cosa fare – i migliori amici condividono!